AF248291

LA VRAIE FORME

PRIMITIVE ET ACTUELLE

DU SAINT SÉPULCRE DE N.-S. JÉSUS-CHRIST

PAR

le R. P. CYPRIEN, Franciscain

Commissaire de la Terre Sainte à Venise

DISSERTATION TRADUITE DE L'ITALIEN

PAR

L'abbé LAURENT DE SAINT-AIGNAN

Chevalier du saint Sépulcre de Jérusalem, Membre de
l'Académie des Arcades de Rome
et de la Société Asiatique de Paris.

*Se vend au profit des Œuvres Catholiques
de Jérusalem.*

PARIS

LIBRAIRIE	CH. BILLET
DES LIEUX SAINTS,	LIBRAIRE - ÉDITEUR
rue Bonaparte, 70	15, rue de Sèvres, 15

1879

Aspect actuel du S. Sépulcre.

LA VRAIE FORME

PRIMITIVE ET ACTUELLE

DU SAINT SÉPULCRE DE N.-S. JÉSUS-CHRIST

PAR

le R. P. CYPRIEN, Franciscain

Commissaire de la Terre Sainte à Venise

DISSERTATION TRADUITE DE L'ITALIEN

PAR

L'abbé LAURENT DE SAINT-AIGNAN

Chevalier du saint Sépulcre de Jérusalem, Membre de
l'Académie des Arcades de Rome
et de la Société Asiatique de Paris.

*Se vend au profit des Œuvres Catholiques
de Jérusalem.*

PARIS

LIBRAIRIE	CH. DILLET
DES LIEUX SAINTS,	LIBRAIRE - ÉDITEUR
70, rue Bonaparte, 70	15, rue de Sèvres, 15

1879

AVANT-PROPOS.

Le Rév. Père Cyprien de Trévise a publié dernièrement une savante dissertation sur le saint Sépulcre. C'est la plus complète qui existe. Elle renferme une description claire et détaillée de la forme ancienne de ce précieux monument, et de l'état actuel auquel l'ont réduit les modifications successives qu'il a dû subir dans le cours des siècles. L'auteur a fait son travail l'Evangile à la main et le saint Sépulcre sous les yeux; car il a habité Jérusalem pendant plusieurs années, étant au nombre de ces pieux enfants de saint François d'Assise qui gardent le tombeau du Sauveur, depuis le XIIIe siècle, avec une constance et un courage invincibles. Aussi cette description est-elle d'une parfaite exactitude.

Le Rév. Père Cyprien nous a exprimé le désir de voir traduire son opuscule en français, et nous y avons répondu avec empressement. Il nous a semblé utile d'en faciliter la lecture à nos compatriotes, car peu de personnes se font une idée exacte de la forme que le saint Sépulcre avait dans son état primitif. La plupart des dessins qui le représentent en donnent une fausse idée.

Non-seulement le palestinologue qui étudie à fond cette Terre sainte, illustrée à jamais par la vie et la mort du divin Rédempteur, mais encore le chrétien fervent qui veut lire le texte Evangélique avec intelligence, et qui aime à se transporter, au moins en esprit, sur ces lieux sacrés, trouvera dans ce travail de quoi satisfaire sa légitime curiosité. Et comment pourrait-on ne pas s'intéresser à ce tombeau, le plus vénérable de tous ceux qui existent dans le monde ? Il a eu l'honneur incomparable de recevoir le corps inanimé du Fils de Dieu fait homme ! Il a été témoin de sa Résurrection glorieuse ! Aussi c'est à juste titre qu'il reçoit, depuis dix-huit siècles, les hommages incessants du monde chrétien.

Nous avons eu pour but de rendre la pensée de l'auteur d'une manière très-précise ; c'est dire que notre traduction est aussi littérale que possible.

L'Abbé Laurent de Saint-Aignan.

Orléans, le 19 mars 1879.

LA VRAIE FORME

DU

SAINT SÉPULCRE

Le désir de connaître la vraie forme que les plus antiques monuments avaient dans l'origine est devenu aujourd'hui universel. Grâce aux diligentes recherches d'érudits archéologues, on peut avoir une idée exacte de la forme primitive d'un très-grand nombre de monuments qui ne sont plus reconnaissables à présent, parce qu'ils ont été plus ou moins usés par le temps, ou maltraités par le vandalisme, ou modifiés et souvent encore gâtés, soit par des réparations successives, soit par des adjonctions qu'on y a faites.

Entre tous les anciens monuments chrétiens, celui qui l'emporte sur tous les autres c'est le saint Sépulcre dans lequel le corps de Notre-Seigneur Jésus-Christ a été déposé, est resté pendant trois jours, et est ressuscité à une vie nouvelle; sépulcre qui a acquis pour cela une gloire immortelle, comme l'avait prédit le prophète Isaïe : « Et son tombeau sera glorieux; *Et erit sepulcrum ejus gloriosum.* » (Isaïe, XI, 10.)

Aussi est-il d'un grand intérêt pour les âmes pieuses de savoir quelle forme avait dans le principe ce monument sacré, et quelles modifications il a subies dans la suite. Afin donc de satisfaire la religieuse curiosité de beaucoup de personnes, nous voulons tenter de donner ici une idée exacte spécialement de la forme primitive du saint Sépulcre de Notre-Seigneur, en nous servant des études que nous avons faites à son sujet sur le lieu-même. Nous n'omettrons pas, néanmoins, de décrire aussi son état actuel.

La peinture qui, entre les différents buts qu'elle se propose, a celui de représenter les objets tels qu'ils sont en réalité, a joué assez souvent d'imagination en traitant des choses antiques ou lointaines. Dans les tableaux qui rappellent la résurrection du Sauveur, elle a toujours falsifié la forme de son vénérable Sépulcre, en le représentant généralement comme un cercueil, pour ne rien dire des diverses autres figures qu'elle lui a attribuées ; tandis que sa véritable forme est toute différente. Un coffre quelconque est facile à retracer dans un tableau ; c'est pour cela peut-être que cette idée a prévalu même parmi les artistes les plus érudits, tandis qu'au contraire la vraie forme primitive du saint Sépulcre se prête mal à être reproduite. Quoi qu'il en soit, en le dessinant continuellement sous l'apparence d'un cercueil, on a généralisé cette erreur.

Le Sépulcre de Jésus-Christ, comme le dit clairement l'Evangile, n'avait pas été fait exprès pour lui, mais c'était le tombeau de Joseph d'Arimathie, noble sénateur juif, lequel s'estima très-heureux de pouvoir le céder au Sauveur mort qui y fut, en effet, enseveli selon la coutume des Juifs : « *Sicut mos est Judœis sepelire.* » (Jean, XIX, 40.) Il sera donc utile à notre but de placer en tête de cette étude une courte recherche sur les sépulcres hébraïques en général, dans laquelle nous ne ferons que décrire l'un ou l'autre des nombreux tombeaux antiques que nous avons vus en Palestine, et spécialement en dehors des murs de Jérusalem.

CHAPITRE I.

LES TOMBEAUX HÉBRAÏQUES EN GÉNÉRAL.

Les habitants de la Judée, comme tous les autres Hébreux de la Palestine, faisaient usage, depuis les temps les plus anciens, de deux sortes de sépulcres assez différentes l'une de l'autre; c'est-à-dire qu'ils avaient les tombes vulgaires et celles des nobles. C'était, il est vrai, une chose commune aux pauvres et aux riches d'envelopper avec soin le cadavre dans un ou plusieurs linceuls qui étaient serrés comme un maillot; mais les corps des pauvres étaient généralement déposés dans des fosses creusées horizontalement dans la terre ou dans la roche vive, lesquelles étaient ensuite recouvertes de terre, et on y plaçait une pierre, habituellement sans aucune inscription (1).

(1) Le rit hébraïque ne permet pas qu'un cadavre soit

Les riches, au contraire, avaient coutume le plus souvent de se faire préparer durant leur vie des sépulcres très-dispendieux, et d'un genre tout-à-fait différent. Ceux-ci étaient invariablement creusés à coups de ciseaux dans les entrailles des rochers dont abonde la Palestine, et spécialement la Judée qui est montagneuse dans sa plus grande partie. Ordinairement pour faire un sépulcre noble on préparait une paroi en aplanissant perpendiculairement un flanc ou le penchant d'un rocher; sur cette paroi on ouvrait à fleur de terre une porte qui était communément de forme orbiculaire, et d'un diamètre si restreint qu'à peine une personne pouvait y entrer en marchant sur ses genoux et sur ses mains; puis, en pénétrant dans le roc, on taillait un petit passage souterrain de la même forme que la porte; après quoi on creusait, dans les entrailles mêmes de la montagne, une ou plusieurs cellules rectangulaires dans chaque sens et ayant quelquefois une voûte cintrée. Quand le tombeau avait plusieurs cellules, elles communiquaient entre elles par le moyen d'autant de petites portes. Tels étaient les sépulcres de famille dans lesquels

 enseveli dans l'endroit où un autre a déjà été inhumé, bien que les os de ce dernier soient réduits en poussière. Il en résulte que les cimetières des Juifs exigent des espaces immenses. En dehors des murs de Jérusalem, il y a un nombre énorme de tombeaux hébraïques indiqués par de simples pierres étendues sur la terre. Ceux qui ont quelque inscription ne remontent pas au-delà du moyen âge.

il y avait place pour beaucoup de membres de la même famille.

Ensuite, pour clore en son temps le monument, on préparait une grosse pierre qui s'adaptait à sa porte d'entrée; et, s'il y avait plusieurs cellules, les petites portes intérieures de communication restaient ordinairement ouvertes.

Ceci regarde les chambres sépulcrales en général.

Si nous considérons maintenant l'endroit précis dans lequel on y plaçait les cadavres, nous trouvons que les Hébreux ne faisaient usage que de deux manières seulement. Dans quelques sépulcres on remarque, à l'intérieur des cellules, le long des murailles, des bancs de pierre placés à fleur de terre sur lesquels étaient déposés les corps emmaillotés de la tête aux pieds, et oints d'une grande quantité d'aromates. Pour obtenir de tels bancs de pierre on n'avait besoin d'aucune maçonnerie, puisqu'ils n'étaient que la masse du rocher même dans lequel on avait creusé le sépulcre, masse que l'on avait exprès laissée saillir en dehors comme des degrés adhérents à la paroi. Quelques-uns de ces bancs se trouvent un peu plus enfoncés dans les murailles, et ceux-ci ont tous leur *arcosolium* (petite arcade) en-dessus; d'autres ont un léger sillon dans leur partie supérieure, afin de recevoir et de mieux retenir le cadavre.

Voici la seconde manière de placer les corps dans les cellules sépulcrales : dans la roche vive constituant les parois de chaque chambre, on pratiquait, à une hauteur convenable, un ou plusieurs trous en guise de fours longs et étroits; chaque trou était plat en dessous et voûté en dessus, et il pénétrait dans l'épaisseur du rocher de toute sa longueur qui était capable de contenir un corps humain étendu. Quand, dans un de ces *loculi*, on avait introduit (ordinairement par la tête) le cadavre, on en fermait hermétiquement l'ouverture auprès des pieds avec une dalle de pierre, ce qui représentait dans la paroi intérieure de la chambre sépulcrale une espèce de petite fenêtre murée.

En dehors des murailles de Jérusalem, il existe toujours des antiques tombeaux hébraïques qui ont jusqu'à douze et quatorze *loculi* à fours ainsi faits, et, dans quelques-uns, ces *loculi* sont disposés à deux étages tout autour.

Les anciens Juifs de Jérusalem se sont-ils servis de coffres funéraires fixes ou mobiles, en forme de cercueils qui se recouvrent et se ferment avec une pierre étendue dessus? C'est une chose qu'on ne peut démontrer. Cependant il semble plutôt qu'on devrait rejeter cette conclusion, puisqu'il est très-vrai que dans le monument qui contient les sépulcres royaux de la famille d'Hélène, reine de l'Adiabène, et qui est placé à la distance d'un mille au nord de Jérusalem, M. de Saulcy a trouvé deux sarcophages mobiles dont l'un a été transporté au Louvre, à Paris; mais cette découverte n'indiquerait qu'une exception à la règle générale, s'il s'agissait de tombeaux vraiment hébraïques, elle a donc d'autant moins d'importance que ces sépulcres appartenaient au contraire à une famille de prosélytes, et par conséquent étrangère (1).

Du reste, dans toute la vaste nécropole hiérosolymitaine on n'a jamais rencontré d'autres vestiges de coffres funéraires proprement dits.

Pareillement dans les mausolées ou monuments sépulcraux construits au-dessus de la terre, et dont les Juifs faisaient usage, on voit que les cadavres y étaient déposés sous le pavé, dans des cellules creusées exprès dans le rocher, tandis que toute la partie supérieure ne servait qu'à une démonstration de faste et de grandeur (2).

Ces notions sur les tombeaux hébraïques en général nous ouvrent la voie pour connaître plus facilement quelle forme avait originairement le Sépulcre du Christ, tandis que, d'un autre côté, elle nous est révélée par

---

(1) Cette Hélène, reine de l'Adiabène (partie du Kurdistan à l'est du Tigre) se rendit, vers l'an 44 de l'ère chrétienne, à Jérusalem où elle embrassa le judaïsme avec d'autres membres de sa famille. (Voir Flavius Josèphe, *Antiq. Jud.*, livre xx, 2.) C'est par erreur que ce monument d'Hélène, qui contient 37 sépulcres, a été regardé comme le tombeau des rois de Juda, puisqu'il est certain qu'ils ont été ensevelis sur le Sion, *in civitate David.*

(2) Tels sont les sépulcres de Josaphat, d'Absalon et de Zacharie, fils de Barachie, tous les trois monolithes, situés dans la vallée de Josaphat.

la forme actuelle du monument, par l'histoire
et par la tradition.

CHAPITRE II.

LA FORME PRIMITIVE DU SAINT SÉPULCRE.

L'Evangile, en nous disant que le Sépulcre
de Notre-Seigneur était creusé dans la roche
vive, et qu'il appartenait à Joseph d'Arimathie, nous indique clairement qu'il faisait
partie de la classe des tombeaux Juifs possé-
dés par des personnes nobles et riches (1).

Autant qu'on peut le savoir par les plus
anciens historiens, le saint Sépulcre consis-
tait en deux seules grottes ou petites chambres (2). Elles communiquaient l'une avec
l'autre par le moyen d'une petite porte creusée
dans l'épaisse paroi qui les divisait (figure I);
elles n'avaient aucune maçonnerie, mais elles
étaient entièrement fouillées, à coups de ciseaux, dans la masse calcaire d'un rocher qui
s'unissait au Calvaire, dont le saint Sépulcre
était voisin, comme dit l'Evangile (3).

(1) Dans cette même basilique du saint Sépulcre, il y a
quelques tombeaux antiques creusés horizontalement ; on
croit qu'ils étaient aussi la propriété de Joseph d'Arimathie. Ils étaient destinés aux personnes inférieures de sa
famille, ou bien, comme on le pense plus communément,
ils furent construits par lui pour lui-même et pour les siens
dans une forme ainsi plus humble, après qu'il eut cédé son
propre sépulcre au Rédempteur.

(2) Saint Jérôme, Eusèbe, saint Antonin de Plaisance,
Itinéraire, etc.

(3) « *Dans le lieu où (Jésus) avait été crucifié, il y*

Le lieu pour déposer les cadavres dans ce tombeau était préparé indubitablement d'après la première manière décrite plus haut, c'est-à-dire non avec des *loculi* ou des fours creusés dans les parois, car on n'en a trouvé vestige ni souvenir ; mais bien avec des bancs de pierre, l'un desquels reste encore aujourd'hui intact dans la cellule la plus intérieure, et c'est précisément celui sur lequel (une tradition constante nous l'atteste) fut déposé le corps de Jésus-Christ, privé de son sang, embaumé et enveloppé dans le saint suaire (1) (fig. II).

Dans ce Sépulcre y a-t-il eu à l'origine plusieurs bancs de pierre, comme dans les tombeaux de famille, et avaient-ils au-dessus d'eux *l'arcosolium*? C'est ce qu'on ne peut

---

avait un jardin, et dans ce jardin un monument nouveau.» (*Jean*, XIX, 41.)

(1) Voici comment Pascase Ratbert décrit la seconde cellule intérieure (Lib. XII, *in Matt.*) : « ... *Ut domus fuerit rotunda, post ostium monumenti intùs infrà rupem vastissimam præcisa, tantæ altitudinis ut intra stans homo vix, manu extentâ, possit ejus culmen attingere... Illuc ingredientibus est à dextris ille locus in parte aquilonis qui specialiter Dominici corporis receptui paratus est, septem quidem pedibus longus, trium verò mensurâ palmarum reliquo pavimento eminentior. Qui non vulgarium sepulcrorum more desuper patulus idem factus est locus, sed à latere meridiano per totum, à quâ parte corpus posset imponi.* (D'après ces paroles, il semblerait qu'il y avait là un *arcosolium*, petite voûte.) *Ex quo manifestius potest intelligi quod Marcus ait* (XVI, 5), *quia* « *introeuntes in monumentum mulieres viderunt juvenem sedentem in dextris;* » *nec tamen divisa erant ibi loca ab invicem, sed continuata utpotè in unâ eâdemque petrâ excisa.* »

démontrer. D'ailleurs l'étroitesse des cellules qui est certaine, parce qu'elle est encore visible actuellement, n'aurait pas permis d'y laisser plus de deux bancs funéraires, c'est-à-dire un par cellule. Si on veut soutenir avec divers érudits que la première cellule n'a pas été autre chose que le vestibule du monument, dans ce cas, on devrait dire qu'il n'y avait place que pour un seul cadavre.

La porte extérieure de ce saint monument était ou entièrement ronde ou semi-circulaire, comme le sont presque toutes celles des antiques tombeaux hébraïques toujours existants dans la nécropole de Jérusalem (1).

Mais cette porte devait se fermer, et l'Evangile nous marque clairement qu'elle fut close par une grosse pierre, laquelle, comme nous le démontrerons mieux plus bas, était de forme orbiculaire, et ressemblait précisément à une meule de moulin (fig. III).

Heureusement dans la nécropole de Jérusalem il y a des traces évidentes de la manière dont de semblables pierres étaient appliquées pour clore le monument.

Dans le pavé qui donnait accès à la porte extérieure, on avait coutume de creuser, au pied de cette porte, un petit canal horizontal

---

(1) Faisons y attention, l'Evangile dit expressément que le saint Sépulcre avait une porte, et que cette porte fut fermée par une grande pierre : « *Et advolvit saxum magnum ad ostium monumenti* (*Matt.*, XXVII, 60); » cela seul interdit de croire que ce monument ait été fait en forme de cercueil recouvert en dessus par une pierre.

adhérent à la paroi extérieure, et qui devait servir à diriger verticalement la pesante pierre destinée à fermer l'entrée. Par ce moyen, cette pierre, si énorme qu'elle fût, attendu sa forme, pouvait facilement rouler dans le canal de droite à gauche, ou *vice-versâ*. Le volume de cette pierre mobile déterminait la profondeur du canal; ordinairement elle avait un diamètre d'une grandeur double de l'orifice de la porte, et une épaisseur d'un quart de son diamètre, ce qui la rendait très-pesante, et garantissait l'inviolabilité du sépulcre.

Une telle pierre était infailliblement préparée dans la construction de chaque tombeau, et, tant qu'il restait ouvert, sa place était au flanc de la porte. Quand on voulait fermer le monument, on ne devait donc faire autre chose que de rouler, par le moyen d'un levier, ou bien à force de bras, cette même pierre, en la poussant de côté, jusqu'à ce que tournant sur elle-même, elle arrivât à se placer devant l'ouverture ou porte, où non-seulement elle restait enchâssée entre les bords du petit canal, mais encore elle entrait par un de ses flancs dans une cavité verticale faite à dessein pour la recevoir du côté opposé; et, dans ce but, on avait coutume de laisser de ce côté sur la façade du monument un morceau du rocher lui-même, saillant en guise de pilastre, sur lequel venait battre la pierre obstructive.

En outre, quoique par le lourd poids de cette pierre, qui ordinairement était énorme, chaque monument fût suffisamment protégé, on faisait aussi usage d'un moyen pour empêcher que cette pierre qui le fermait ne fût ôtée. Après que le monument avait été clos de la manière expliquée ci-dessus, on couvrait avec des dalles de pierre toute la partie du petit canal qui était restée découverte; à cette fin, on avait pratiqué sur ses bords une cannelure à battant, destinée à recevoir et à contenir lesdites dalles, et ainsi la grande pierre orbiculaire ne pouvait plus être roulée dans aucun sens, et elle restait ensevelie dans le petit canal, à peu près pour un tiers de son propre rayon.

Maintenant il nous reste à voir si la porte du Sépulcre du Christ, et la pierre qui le fermait avaient véritablement la forme jusqu'ici décrite.

Que cette porte ait été très-étroite et basse, comme celles des autres tombeaux hébraïques, sans parler de la tradition recueillie par un grand nombre d'écrivains qui l'attestent unanimement, cela s'établit clairement par l'Evangile. Il déclare, en effet, que lorsque Pierre et Jean se transportèrent au Sépulcre pour vérifier ce que les femmes avaient raconté de la résurrection du Sauveur qui s'était accomplie, ils voulurent regarder dans le monument dont la pierre avait été déjà ôtée, mais pour faire cela ils durent se courber (1).

____

(1) La même chose arriva à Marie Madeleine : « Elle s'inclina et regarda dans le monument. »—« Et (Jean) s'é-

Qu'ensuite ladite porte ait eu une forme circulaire, ou bien, si l'on veut, seulement semi-circulaire, cela se prouve par la configuration de la pierre qui la fermait, laquelle, sans aucun doute, était circulaire, comme il résulte aussi de l'Evangile avec une plus grande évidence.

Effectivement, l'Evangile, lorsqu'il parle de cette pierre, emploie à plusieurs reprises le mot *advolvere* pour indiquer l'action de clore avec elle le monument, et le terme *revolvere* pour marquer l'action de l'ouvrir. Or, ces deux verbes latins et leurs correspondants dans le texte grec, montrent manifestement que pour ouvrir ou fermer le tombeau on devait manœuvrer un corps rond qui tournait sur lui-même, car ils se rapportent parfaitement au latin *volvendo adducere* et *retrorsùm volvere*, ce que nous dirions en italien : *rotolare* (rouler).

Si la pierre qui fermait la porte du sépulcre n'eût pas été circulaire mais quadrilatère, ou (puisque la porte était verticale) simplement cintrée au sommet, il est clair que, pour en indiquer l'application ou l'éloignement, les Evangélistes auraient trouvé beaucoup de mots plus propres et plus expressifs que les verbes *advolvere* et *revolvere*.

Mgr Martini lui-même, dans sa traduction italienne de la Bible, paraît l'avoir remarqué.

tant incliné, il vit les linceuls placés à terre, mais il n'entra pas (*Jean*, XX, 11 et 5). » — « Pierre courut au monument, et, se baissant, il vit (*Luc*, XXIV, 12). »

4

De là, pour concilier avec le texte de la Vulgate l'idée qu'on entretient à ce sujet d'une pierre plate, ou d'un couvercle qui aurait fermé la tombe du Rédempteur, il n'a pas trouvé de meilleur moyen que de rendre constamment lesdits verbes par le terme *ribaltare* (renverser), qui n'est pas un mot de bon aloi, excepté une fois où il traduit *revolvet* par « *volgerà sossôpra* » (fera tourner sens dessus dessous) (1).

Des quatre Evangélistes, saint Jean est le seul qui, pour indiquer l'éloignement de cette pierre, use du verbe *tollere*, en disant au chapitre xx, 1 : « *Marie Madeleine... vit la pierre ôtée (sublatum) de devant le sépulcre,* » — lequel verbe, comme le grec correspon-

---

* (1) Pour plus de clarté, rapportons ici tous les textes parallèles relatifs à notre sujet : « Et il mit (le corps) dans son sépulcre neuf qu'il avait fait tailler dans le roc ; et il roula *(advolvit)* une grande pierre à la porte du monument *(Math.,* XXVII, 60). » — « Un ange du Seigneur descendit du ciel, et s'approchant il fit rouler *(revolvit)* la pierre, et s'assit dessus *(Ibid.,* XXVIII, 2). » — « Il le plaça dans un sépulcre qui était taillé dans le rocher, et il roula *(advolvit)* une pierre à l'entrée du tombeau *(Marc,* XV, 46). » — « Elles disaient entre elles : Qui nous fera rouler *(revolvet)* la pierre de devant la porte du monument ? Mais en regardant elles virent cette pierre roulée *(revolutum)* ; elle était fort grande *(Ibid.,* XVI, 3, 4). » — « Et elles trouvèrent roulée *(revolutum)* la pierre qui était au-devant du sépulcre *(Luc,* XXIV, 2). »

Le grec se sert constamment des verbes προσκυλίω (rouler auprès de) et ἀποκυλίω (rouler loin de). Ajoutons que κυλίω dans le sens de *rouler* est aussi employé par Homère dans l'*Odyssée* (livre XI), où il raconte le châtiment de Sisyphe condamné à rouler son fameux rocher.

dant (1) pouvant signifier *soulever* autant que *ôter*, par la confrontation des textes parallèles, on établit qu'il doit se prendre dans cette seconde signification; mais non pour cela dans le sens strict du mot, parce que, dans ce cas, il indiquerait que la pierre fut emportée, tandis qu'au contraire il résulte clairement du même parallélisme qu'elle était restée là, et que l'ange s'assit dessus; ce verbe montre simplement que la pierre avait été éloignée de la place qu'elle occupait d'abord. C'est pourquoi ce participe — *sublatum* — s'il n'est point en faveur de notre opinion, ne lui est pas non plus opposé : saint Jean n'a fait que marquer l'effet de l'action, au lieu que les autres ont voulu en exprimer aussi la manière.

Saint Antonin de Plaisance, qui écrivit son *Itinéraire* de Terre Sainte au commencement du vi\ siècle, dit expressément que la pierre qui avait fermé le saint Sépulcre, et sur laquelle l'ange s'était assis, avait la forme d'une « *meule de moulin* (2). » D'autres écrivains postérieurs attestent la même chose.

Enfin un gros morceau authentique de cette pierre qui est toujours conservé à Jérusalem (3), démontre bien qu'elle avait une

______

(1) Αἴρω d'où vient le participe ἠρμένον.

(2) *Itinerarium B. Antonini Placentini, martyris*, ex Musœo Menardi, Angers, 1640; se trouve aussi dans les Bollandistes, *Acta Sanctorum*, mai, t. II; et dans Ugolini, *Thesaur.*, t. VII.

(3) Il est encastré dans la partie postérieure de la table d'autel dans la chapelle érigée sur le lieu où s'élevait la

forme circulaire, puisqu'elle présente d'un côté l'aspect manifeste d'un segment de cercle.

Ainsi la forme même de la pierre qui fermait la porte du Sépulcre du Christ concourt à prouver que ce monument était en tout semblable à beaucoup d'autres tombeaux hébraïques encore visibles, consistant en des cellules ou grottes entièrement creusées dans la roche vive, et qu'il avait, comme eux, pour entrée une ouverture perpendiculaire, ronde, ou du moins semi-circulaire.

Il nous semble que tout cela suffit pour donner une idée de la forme primitive du saint Sépulcre; nous allons maintenant dire brièvement quelque chose des modifications que ce monument sacré a éprouvées dans la suite, et de son état actuel.

CHAPITRE III.

LES MODIFICATIONS QUE LE SAINT SÉPULCRE A SUBIES.

Il est indubitable que les premiers chrétiens ont vénéré dès le commencement les Lieux Saints de Jérusalem, c'est-à-dire les sites où se sont accomplis les augustes mystères de notre très-sainte religion, et entre lesquels le Sépulcre du Seigneur l'emporte toujours sur les autres.

maison du pontife Caïphe, et qui est occupée par les Arméniens non unis.

Mais l'empereur Adrien, voulant en empêcher les fidèles, fit cacher, en l'année 134, le saint Sépulcre sous un amas de terre et de pierres, et de plus il fit construire au-dessus un petit temple dédié à Jupiter, comme il en érigea un autre à Vénus sur le Calvaire, afin d'en éloigner beaucoup mieux les chrétiens.

Tandis qu'il croyait par cette profanation faire perdre le souvenir de ces sanctuaires, il en conserva plutôt l'authenticité.

En effet, Constantin le Grand ayant, deux siècles après, accordé la liberté du culte aux chrétiens, sainte Hélène, sa mère, se transporta à Jérusalem, en l'année 326, et voulant remettre en honneur le saint Sépulcre, elle en trouva aussitôt le signalement dans le temple de Jupiter, qu'elle fit promptement démolir, en abattant l'idole qui souillait ce Lieu Saint.

La pieuse impératrice, selon le désir de son fils Constantin, voulut édifier au-dessus du Sépulcre une majestueuse basilique qui l'entourât tout entier, et le protégeât contre les injures du temps.

Mais, pour atteindre ce but, on devait avant tout préparer le terrain. La position du saint Sépulcre était très-difficile; car, tandis que le mont dans les entrailles duquel il était creusé n'offrait par devant qu'une pente scabreuse, au-dessus, et surtout derrière les épaules de ce monument sacré, la montagne s'élevait à une hauteur considérable. En un mot, le terrain nécessaire pour une basilique très-vaste manquait complètement, et pour l'obtenir il fallait un travail immense, un de ces travaux que les Romains seuls étaient capables d'imaginer et d'exécuter. On conçut l'idée d'isoler du reste de la montagne l'énorme rocher qui contenait dans ses entrailles les deux cellules constituant le saint Sépulcre. Pour arriver à ce résultat, on fut forcé de tailler du haut en bas le mont sur plus des deux tiers autour du monument qui devint par-là un grandiose monolithe (fig. IV) (1). Ayant ainsi obtenu autour de lui un espace libre considérable, on érigea sur son extrême limite la majestueuse basilique ronde qui fut ensuite couverte par une seule coupole très-large, dont le centre s'élevait exactement au-dessus du saint Sépulcre. On vit alors celui-ci surgir comme par enchantement, en manière de mausolée, au milieu de cette basilique qui prit le nom d'*Anastasis* ou Résurrection (2).

Le saint Sépulcre proprement dit dut certainement recevoir, à cette époque, une forme architecturale ; il y en a qui pensent qu'on a

---

(1) La plus grande hauteur de cette coupe est d'environ 30 mètres, sa largeur de 11 mètres, l'extrême limite tout autour est de 90 mètres ; de sorte qu'on peut calculer que pour obtenir un tel espace on a dû tailler et transporter à peu près 25,000 mètres cubes de roche calcaire.

(2) La construction de ce temple dura dix ans. Quoique la coupole ait été plusieurs fois détruite, les murailles de la basilique existant actuellement sont encore celles du temps de sainte Hélène. On peut constater toujours la coupe perpendiculaire du mont, auquel est adossé le côté Est de la rotonde, depuis les fondements jusqu'à la première corniche. Voir le plan de ce temple que nous avons publié. (Se vend à la *Librairie des Lieux Saints.*)

donné à ce saint monolithe la forme d'une pyramide. Saint Cyrille, évêque de Jérusalem, qui vécut au IV° siècle, s'exprime de manière a faire croire que sainte Hélène, par des raisons d'architecture, fit alors démolir entièrement la première cellule du Sépulcre, qui lui servait comme de vestibule (1).

Le même saint Cyrille, né à Jérusalem en l'année 315, vit la pierre qui avait servi à fermer le saint Sépulcre ; mais il en parle comme si déjà elle avait été brisée en deux morceaux.

On ne sait pas précisément si le saint Sépulcre, après avoir été isolé de la montagne, a été revêtu de marbre dès le temps de sainte Hélène ; mais on n'ignore point qu'un tel revêtement décoratif fut fait à l'époque des Croisés, entre 1099 et 1180. De plus, nous trouvons que dans ce temps on reconstruisit en pierre le vestibule de la tombe sacrée, auquel, pour rendre l'entrée plus commode, furent données trois portes, c'est-à-dire une par devant et deux aux côtés. Depuis lors, le rocher du saint monument, soit par les divers incendies qui survinrent, soit par les dévastations des Perses, des Carismiens et des Turcs, avait été détruit en grande partie ; aussi ne pouvait-on lui conserver une forme régulière qu'en y suppléant par des constructions artificielles en pierre ou en marbre.

En 1555, ces marbres qui revêtaient et dé-

____

(1) *S. Cyrilli Hieros. Catecheses.*

coraient au-dedans et au-dehors le saint Sépulcre étaient déjà en partie désunis, et en partie tombant, c'est pourquoi dans cette même année, le Révérendissime Père Boniface de Raguse, Mineur Observantin, custode de Terre-Sainte, le fit revêtir entièrement de marbres nouveaux. Au-dessus de l'endroit précis où avait été déposé le corps du Sauveur, il fit élever une petite coupole soutenue par de gracieuses colonnettes de porphyre; il reconstruisit complètement le vestibule en forme de chapelle qui fut nommée la *Chapelle de l'Ange*, et il lui donna une seule porte extérieure parallèle à celle par laquelle on passe dans l'intérieur du Sépulcre. Ainsi ce dernier, dans tout son ensemble, représentait, au milieu même de la rotonde qui venait d'être réparée, un élégant petit temple orné de bas-reliefs et d'inscriptions latines. (fig. V.)

Voici comment le Père Boniface de Raguse rapporte l'inspection du saint Sépulcre et la restauration qu'il en fit :

« Comme il était nécessaire de démolir cette construction pour donner plus de solidité à celle qu'on devait lui substituer, on enleva le revêtement, et le Sépulcre de Notre-Seigneur Jésus-Christ s'offrit à découvert à nos yeux tel qu'il avait été taillé dans le roc. On y voyait (à l'intérieur) deux anges peints; l'un portait une bandelette où étaient écrites ces paroles : « *Surrexit, non est hic,* » (Il est ressuscité, il n'est pas ici) ; et l'autre, montrant avec le doigt le tombeau sacré, tenait cette inscription : « *Ecce locus ubi posuerunt eum,* » (Voici le lieu où ils l'ont placé.) Ces deux images eurent à peine senti le contact de l'air qu'elles s'effacèrent en très-grande partie.

« La nécessité nous avait contraints de déplacer une des tables d'albâtre que sainte Hélène avait fait mettre sur le Sépulcre pour le couvrir, et afin qu'on pût célébrer dessus la sainte Messe ; alors nous vîmes manifestement ce lieu ineffable où le Fils de l'Homme reposa pendant trois jours. Il nous semblait voir les cieux ouverts devant nous.

« On y distinguait encore tout autour les traces du sang de Notre-Seigneur confondues avec celles des parfums qui avaient servi à l'embaumer, et cet endroit resplendissait comme aux rayons du soleil ; et nous, avec de pieux gémissements, et avec la joie spirituelle de l'âme, nous l'avons vu et baisé, en présence de beaucoup de chrétiens des nations orientales et occidentales (1). »

Le saint Sépulcre resta dans l'état où l'avait mis le Père Boniface de Raguse jusqu'en 1808, où éclata le vaste incendie (dont la cause est toujours inconnue) qui détruisit la

(1) Boniface de Raguse, *Liber de perenni cultu Terræ Sanctæ*, 1573. (Ce livre réimprimé à Venise, en 1875, est en vente à la *Librairie des Lieux Saints*, 4 fr.) La lettre où se trouve le texte que nous venons de rapporter n'était pas dans ce volume, mais elle nous a été conservée par Gretser : *Apud Jacob. Gretserum in Apologiâ pro S. Cruce.* — Voyez aussi : Quaresmius, *Elucidatio Terræ Sanctæ*, lib. V, cap. XIII, peregr. II.

grande coupole de la Basilique, et plusieurs autres parties de ce temple vénérable. Malgré cela le petit temple intérieur était demeuré intact, comme par miracle, mais les Grecs schismatiques ayant obtenu, à prix d'or, du gouvernement Turc, la faculté de réparer à leurs frais les dégâts causés par le feu, ils démolirent l'antique revêtement de beaux marbres du saint Sépulcre, et le rétablirent en plaques de pierre jaune du pays, avec un dessin le plus baroque que l'on puisse imaginer, comme on le voit toujours (1). Par là disparurent alors toutes les inscriptions latines que le Père Boniface y avait fait graver, et les Grecs y substituèrent autant d'inscriptions en langue grecque, pour s'assurer la possession exclusive du monument sacré.

Les Franciscains, qui seuls à cette époque représentaient le Catholicisme à Jérusalem, voyant cette usurpation des Grecs, recoururent aussitôt à tous les Potentats catholiques de l'Europe; mais l'Europe, alors agitée et bouleversée par Bonaparte, ne leur prêta pas attention, et les Grecs firent à leur aise tout ce qu'ils voulurent; aussi doit-on regarder comme un miracle de la Providence que les Latins ne furent pas dorénavant exclus de ce premier sanctuaire du monde.

(1) Voir la figure au frontispice, et la grande lithographie que nous avons publiée. (Se vend à la *Librairie des Lieux Saints.)*

CHAPITRE IV.

L'ÉTAT ACTUEL DU SAINT SÉPULCRE.

Le saint Sépulcre demeure actuellement dans l'état où les Grecs l'ont réduit.

Il représente un édicule long de 8ᵐ26, large de 5ᵐ67, et haut de 7 mètres. Son toit, plat en dessus, est défendu par une balustrade de pierre vers l'extrémité de laquelle, et précisément sur la cellule la plus intérieure, s'élève une petite coupole soutenue par des colonnettes, en forme de lanterne. Le grand tableau qui se voit sur la façade du monument est la propriété des Latins, qui maintiennent aussi en avant quatre cierges avec quelques lampes. Les Grecs et les Arméniens font de même.

A l'intérieur, le saint Sépulcre présente toujours deux cellules (fig. VI). La première, qui a été entièrement reconstruite, ainsi que nous l'avons dit, est appelée la *Chapelle de l'Ange*, et sert de vestibule. A son centre elle a un petit pilier isolé sur lequel est enchâssé un morceau de la vraie pierre qui fut écartée par l'Ange, au moment de la Résurrection du Christ; tous ceux qui entrent vont la baiser par dévotion. Dans cette chapelle brûlent continuellement quinze lampes, savoir : cinq aux Franciscains, cinq aux Grecs, quatre aux Arméniens et une aux Coptes, (ces trois dernières communions sont schismatiques); elle est toute pleine d'inscriptions grecques et de dessins de mauvais goût.

On y voit, sur les côtés, deux trous ronds dont les Grecs se servent pour distribuer au peuple le feu qu'ils font croire descendu du Ciel, la veille de leur Pâques.

Enfin, aux flancs de la porte d'entrée il y a deux étroits escaliers de pierre, cachés entre les murs, et par lesquels on monte sur le toit du monument.

De la Chapelle de l'Ange, par une petite porte resserrée, haute de 1^{m}20 (1), on passe dans la cellule qui servit de sépulcre à Notre-Seigneur Jésus-Christ. Elle est haute de 3 mètres, longue de 2 mètres et large de 1^{m}75; elle est toute revêtue de marbre avec des dessins et des inscriptions grecques. Le long de la paroi septentrionale de cette chambre, on voit le banc de pierre, élevé de 60 centimètres au-dessus du sol, et sur lequel précisément a reposé pendant trois jours le corps inanimé de Notre divin Rédempteur. Ce banc, qui est tout recouvert de marbre (2), a la largeur d'un mètre, et dans sa longueur il touche les deux parois latérales ; il occupe donc un

---

(1) Cette porte est le seul endroit où l'on puisse voir à nu le rocher sacré. (*Note du traducteur.*)

(2) Ce marbre est blanc et n'a aucun dessin ni inscription. Mgr Mislin dit que la table de marbre qui recouvre la partie supérieure « *est brisée par le milieu,* » c'est une erreur. La fente, que l'on voit dans le sens de la largeur, a été simulée par les chrétiens pour arrêter la convoitise des mahométans, qui voulaient enlever ce marbre et le placer dans leur mosquée d'Omar. (*Note du traducteur.*)

peu plus de la moitié de la cellule dans laquelle trois personnes peuvent se tenir commodément. A une petite hauteur dudit banc, tourne autour de lui une corniche saillante de marbre sur laquelle se mettent des vases de fleurs et des chandeliers, et sur les bords de laquelle les Franciscains appuient une table, avec la pierre sacrée et les nappes qui s'y rapportent, ce qui leur sert d'autel portatif, ainsi qu'à tout autre prêtre du rit latin, pour y célébrer la sainte Messe (1).

Dans cet endroit brûlent continuellement quarante-trois lampes d'argent qui, par l'étroitesse de l'espace, tapissent littéralement la voûte ; il y en a treize aux Franciscains, treize aux Grecs, treize aux Arméniens, et quatre aux Coptes. Les trois premiers ont aussi là trois images du Christ ressuscité, une pour chaque rite.

Avant de terminer, nous dirons encore qu'après les plus soigneuses observations faites par nous sur le lieu même, en compagnie d'hommes experts, nous sommes entrés dans l'intime conviction que, sous le revêtement intérieur et extérieur du saint Sépulcre, il reste assez peu de la vraie roche calcaire qui constituait le monument primitif.

Il est bien vrai que les murs actuels du saint Sépulcre ont plus d'un mètre d'épais-

____

(1) Les Latins peuvent célébrer dans le saint Sépulcre trois Messes par jour, à la fin desquelles on enlève l'autel portatif, pour faire place aux autres communions.

seur (1), ce qui, pour un édifice aussi petit, est énorme ; mais nous avons pu constater qu'ils sont artificiels pour la plus grande partie, comme la voûte tout entière est artificielle.

Très-probablement les antiques parois du monolithe calcaire primitif s'élèvent à peine à un mètre au-dessus de terre ; mais il est absolument certain que le banc de pierre sur lequel fut déposé le corps du Sauveur existe toujours intact, ayant été continuellement tenu avec soin recouvert de plaques de marbre, comme on le voit maintenant ; ce qui sert non-seulement à le protéger contre les dégâts occasionnés par les incendies que la Basilique a subis plusieurs fois, mais aussi à le défendre de la dévotion indiscrète des pèlerins (2).

Tel est le saint Sépulcre de Notre-Seigneur Jésus-Christ. Il reçoit toujours la vénération du monde chrétien, puisque de toutes les parties de la terre accourent vers lui constamment les pieux pèlerins, non-seulement ca-

(1) C'est-à-dire les murs de la cellule la plus intérieure ou du saint Sépulcre proprement dit, puisque la Chapelle de l'Ange est plus légère et toute artificielle, comme nous l'avons dit.

(2) Les petits morceaux de pierre qui se distribuent avec des authentiques, aux pèlerins à Jérusalem, ont été détachés du rocher continu adhérent au saint Sépulcre. Les Souverains Pontifes ont lancé la sentence d'excommunication contre ceux qui brisent ou emportent quelque minime parcelle que ce soit des Lieux Saints proprement dits.

tholiques, mais encore de toutes les sectes chrétiennes (1).

Elle est incroyable la dévotion excitée par ce lieu sacré !

A la pensée de se trouver dans le Tombeau même qui a renfermé le corps inanimé de Jésus, mort pour le salut des hommes, à la pensée que de cette Tombe il est ressuscité glorieusement, après trois jours, de la mort à la vie, il n'y a pas de cœur qui puisse retenir ses larmes. Le marbre qui recouvre l'endroit précis où fut déposé le corps du Sauveur est tout usé par les baisers qu'y impriment les pèlerins, quoiqu'il y ait à peine soixante-six ans qu'il a été renouvelé.

Il est bien vrai que l'âme d'un catholique reste grandement affligée en voyant les hérétiques et les schismatiques fonctionner dans ce célèbre sanctuaire, et encore plus en considérant le tumulte de leurs pèlerins aux époques de grand concours ; mais en dépit de cela, rien qu'à contempler en ce lieu la pompe des ornements et la majesté du culte, rendu à l'envi toujours plus splendide, rien qu'à entendre louer le Seigneur, le jour et la nuit, dans toutes les langues, chacun reconnait l'accomplissement de la prophétie d'Isaïe (XI, 10) annonçant que ce Sépulcre devait devenir glorieux : « *Et erit Sepulcrum ejus gloriosum.* »

(1) La moyenne du pèlerinage à Jérusalem est calculée à 60,000 étrangers par an.

NOTE DU TRADUCTEUR.

Un docte palestinologue Anglais, M. Conder, qui a étudié longtemps la Terre Sainte sur les lieux mêmes, a donné, au sujet de la clôture et de la forme du saint Sépulcre, des renseignements qui sont parfaitement d'accord avec ceux du Rév. Père Cyprien. Il nous semble donc utile d'ajouter ici cette note que nous avons traduite textuellement du Bulletin Anglais publié par *The Palestine Exploration Fund* :

« La pierre roulante n'est pas une méthode très-commune d'assurer l'entrée des sépulcres creusés dans le roc, et il est naturel de supposer, de ce progrès considérable dans la simplicité mécanique, que c'est une invention tardive. La grande majorité des tombeaux taillés dans le roc, dont nous avons examiné environ 500 dans le cours de l'arpentage (pour lever la carte de la Palestine), n'est pas disposée avec la rainure nécessaire pour l'usage de cette pierre. Ils sont fermés, dans quelques exemples, par une sorte de herse de pierre, mais le plus fréquemment par une porte de pierre sur pivots s'adaptant dans des trous placés au-dessus et au-dessous de l'entrée, et close par une serrure. La serrure était probablement de métal, toutefois elle a disparu dans chaque spécimen qui a été examiné.

« La pierre roulante mesure généralement 3 pieds environ de diamètre (le pied anglais vaut 0,^{m}30479), et est quelquefois épaisse d'un pied ; elle ressemble à un fromage posé sur son bout. Elle roule à droite ou à gauche de l'entrée de la porte qui est large d'à peu près 2 pieds, et elle est maintenue par un rebord du rocher qui a une rainure dans laquelle cette pierre est poussée en arrière pour ouvrir la tombe. Le fond de cette rainure est légèrement en pente dans quelques cas, de manière que la pierre puisse rouler en bas par son propre poids pour fermer la porte. Ainsi, non-seulement il est complètement impossible d'ouvrir le tombeau d'en dedans, mais encore il est difficile de le faire du dehors. Un choc de tremblement de terre ne pourrait pas être cause, comme on l'a suggéré dernièrement, que la pierre remonterait en arrière sur la colline, et elle ne resterait pas dans cette position à moins qu'elle soit arrêtée en dessous.

« Le principal point à noter, c'est que ce genre de porte semble appartenir aux plus récentes tombes juives. Ceci s'accorde parfaitement avec son usage dans le sépulcre nouveau de Joseph d'Arimathie. Le seul exemple daté que l'on en connaisse est celui du tombeau d'Hélène, reine d'Adiabène, qui fut enterrée à Jérusalem dans le premier siècle (après J.-C., *Ant.*, XX, 4, 3). De plus, on peut observer que dans la campagne au nord de Césarée, où il y a beaucoup de modèles de ce genre de porte, les tombes sont à *loculi* (bancs), et non pas à *kokim* (fours). La même remarque s'applique au sujet d'une tombe près d'Endor et, dans d'autres cas, les sépulcres contiennent à la fois des *loculi* et des *kokim ;* mais nous n'avons recueilli aucun exemple d'un tombeau à *kokim* seulement qui soit fermé par une pierre roulante. Dans le *Talmud (Mischna, Baba Bathra*, VI, 8) on donne la description d'une tombe ayant des *kokim*, mais on n'ajoute aucune mention d'une porte roulante, et la forme de l'antichambre qui est prescrite exclut la possibilité d'une semblable méthode pour clore l'entrée ; or cette description s'applique exactement à la majorité des plus anciens sépulcres juifs.

« La conclusion que l'on peut tirer des notes ci-dessus paraît être que le saint Sépulcre était, selon toute probabilité, une tombe à *loculi* (bancs). Cette déduction s'accorde bien avec la narration du quatrième évangile (XX, 12) : « *Elle vit deux anges en blanc, assis l'un à la* « *tête et l'autre aux pieds, où le corps de Jésus avait été* « *placé ;* » disposition tout-à-fait impossible dans le cas d'une tombe avec un *koka* (four), qui est une sorte de boulin s'enfonçant dans la muraille de la chambre sur une longueur de 5 à 7 pieds, et sur une largeur de 2 pieds 6 pouces à 2 pieds ; les pieds du cadavre étant au bout le plus proche, et la tête au plus éloigné. Le *koka* était clos par une plaque large de 2 pieds et haute de 2 à 3. La tombe à *loculi* a une espèce de sarcophage sous un toit voûté *(ar-*

cosolium), et le corps y repose parallèlement au mur de la cellule.

« Une preuve de l'authenticité du site actuel du saint Sépulcre a été tirée par MM. de Vogüé et Ganneau de l'existence d'un ancien tombeau à *kokim* dans cette église. Cet argument a été considérablement fortifié par la citation suivante du *Talmud (Mischna, Baba Bathra*, II, 9) : « *Les cadavres, les sépulcres et les tanneries sont séparés* « *de la ville de cinquante coudées.* » (*Quarterly statement*, July, 1877.)

TABLE

Orléans. — Imp. Ernest Colas.

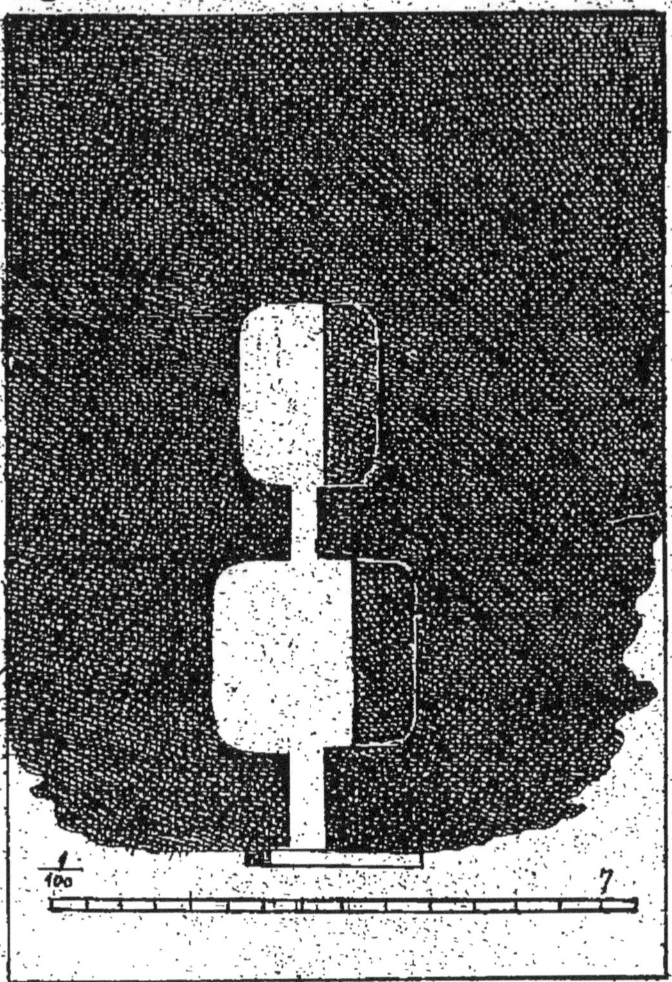

Plan du S. Sépulcre.

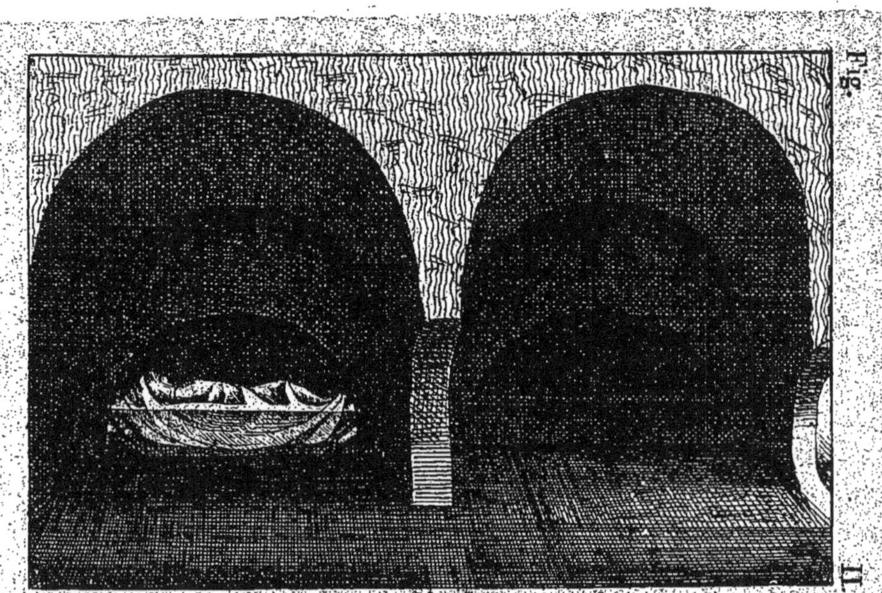

Coupe longitudinale du S. Sépulcre dans son état primitif.

Le S. Sépulcre
ouvert dans son état primitif.

Le S. Sépulcre revêtu de marbre
par le P. Boniface de Raguse, en 1555.

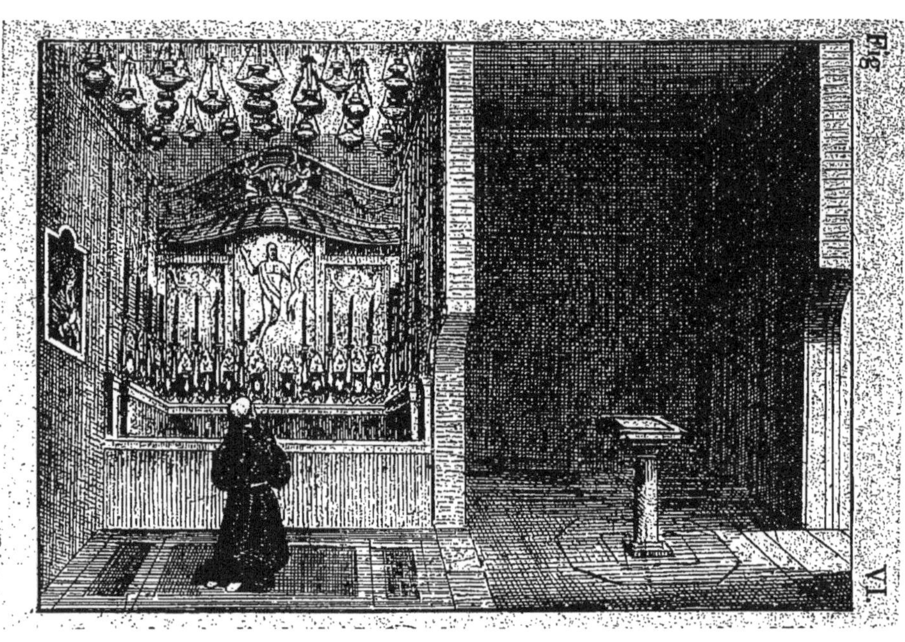

Fig.
VI.

www.ingramcontent.com/pod-product-compliance
Lightning Source LLC
Chambersburg PA
CBHW061259050726
47594CB00004B/1540